내가 걸었던 그 길 위에 있는 그들을 위해
여러분, 폭싹 속았수다

행복하세요

강승구 고명진 김경화 김나림 김맹희 김명희 김민주 김보승 김송현
김애자 김예준 김채완 박보배 박수연 박정옥 서혜주 송태순 신경미
신시옥 우승민 유명순 윤미영 이란자 이순자 이정숙 임미정 전근이솜
전숙향 정미화 정순시 조성희 진영미 한효원

대|경|북|스

행복하세요

1판 1쇄 인쇄 2025년 6월 25일
1판 1쇄 발행 2025년 6월 30일

발행인 김영대
펴낸 곳 대경북스
등록번호 제 1-1003호
주소 서울시 강동구 천중로42길 45(길동 379-15) 2F
전화 (02)485-1988, 485-2586~87
팩스 (02)485-1488
쇼핑몰 https://smartstore.naver.com/dkbooksmall
e-mail dkbookss@naver.com

ISBN 979-11-7168-101-3 03810

※ 이 책은 저작권법에 따라 보호받는 저작물이므로 무단전재와 무단복제를 금지하며, 이 책 내용의 전부 또는 일부를 이용하려면 반드시 저작권자와 대경북스의 서면 동의를 받아야 합니다.
※ 잘못된 책은 구입하신 서점에서 바꾸어 드립니다.
※ 책값은 뒤표지에 있습니다.

들어가는 글

당신이 당신이어서

삶은 바다 같습니다.
때로는 조용히 스며들고,
어떤 날은 거칠게 부딪히며 우리를 흔들지요.
하지만 그 모든 것을 받아들이며
우리는 여전히 사람을 믿고,
마음을 주고받으며 살아갑니다.

"행복하세요."

이 짧은 인사는 어쩌면,
살아 있는 모든 이들에게 건네는

들어가는 글

가장 따뜻하고도 조용한 축복일지 모릅니다.
말 끝에 머뭇거리며 덧붙이는,
사랑보다 깊고,
기도보다 다정한 말.
이 책은 그 인사를 품은 사람들의 마음에서
천천히 피어난 시들의 모음입니다.

누군가를 향한 그리움으로,
어느 날의 작은 고백으로,
삶의 한 장면에서 건져낸 감정들로
시 한 줄이 되어 여기에 놓였습니다.

무엇보다 이 아름다운 문장들을 함께 써 내려간 작가님들께
깊은 감사의 마음을 전합니다.
당신의 시가 있어 이 책은 단단해졌고,
당신의 마음이 있어 이 책은 따뜻해졌습니다.
바쁜 일상 속에서 한 줄 한 줄 꾹꾹 눌러 쓴 그 시간들이
이 책의 진심이 되었음을 믿습니다.

1장 '사람'에서는

마음에 오래 머물던 이름들과의 이야기들이 피어납니다.

그들의 말투, 걸음, 웃음 하나하나가

한 편의 시가 되어 다가옵니다.

2장 '미덕'은

잊혀진 아름다움을 다시 꺼내어

마음 속에 조용히 비추는 장입니다.

정직함, 따뜻함, 이해와 용서 같은

소리 없는 힘들이 우리 삶을 어떻게 지켜왔는지를

새삼 느껴보게 하지요.

3장 '감정'은

설명할 수 없는 마음들의 자리입니다.

가끔은 눈물로 흐르고,

가끔은 이유 없는 웃음으로 번지기도 하는

그 감정들이 시가 되어,

지금의 나에게 말을 걸어옵니다.

이 책을 펼친 독자님의 하루에
한 줄의 시가
작은 위로가 되기를 바랍니다.
그리고 이 책의 마지막 장을 덮을 때,
독자님 마음이
조금 더 따뜻해져 있기를 바랍니다.

다시 한 번, 이 말을 전합니다.
아무 이유 없이,
그저 당신이 당신이어서,
행복하세요.

책 쓰기 코치

백미정

차　례

들어가는 글 _ 3

제1장. 사람 : 마음에 머무는 이름들 _ 17

내 친구 · 강승구 _ 19
하늘 할아버지 · 강승구 _ 20
우리 집 자판기 · 고명진 _ 21
북극성 · 고명진 _ 22
YES 우렁각시 · 김경화 _ 24
다화인 · 김경화 _ 25
그 사이 · 김나림 _ 26
둘째 열매 · 김나림 _ 27
두 여인의 등 · 김맹희 _ 28
캡틴 · 김맹희 _ 29
데칼코마니 · 김명희 _ 30
엄마의 밤 · 김명희 _ 31
순리 · 김민주 _ 32
등대 · 김민주 _ 33

새 나라의 콩나물 · 김보승 _ 34

사랑을 말아 쥐고서 · 김보승 _ 35

한 번만 엄마 · 김송현 _ 36

올케의 바다 · 김송현 _ 39

세상에서 가장 비싼 도시락 · 김애자 _ 42

꽃을 피우는 천사 · 김애자 _ 44

기분 좋은 비 · 김예준 _ 45

나의 인생을 업그레이드 시키는 우리 가족 · 김예준 _ 46

나는 새다 · 김채완 _ 48

톡톡 튀는 아침 · 김채완 _ 51

특효약 · 박보배 _ 53

사랑 한 젓가락 · 박보배 _ 55

초록색 아버지 · 박수연 _ 56

새까만 침묵 · 박수연 _ 57

콩닥콩닥 조마조마 우리 엄마 · 박정옥 _ 58

하늘꽃 아빠 · 박정옥 _ 59

연 · 서혜주 _ 60

창조 · 서혜주 _ 61

아들바라기 · 송태순 _ 62

짝사랑 · 송태순 _ 63

심해 · 신경미 _ 64

태양의 웃음소리 · 신경미 _ 65

바보라서 좋아 · 신시옥 _ 66

딸이 엄마가 된다는 것 · 신시옥 _ 67

부모님께 · 우승민 _ 68

친구 · 우승민 _ 69

그대와 맞이한 그 계절 · 유명순 _ 70

세월기도 · 유명순 _ 71

내 마음 엄마 마음 · 윤미영 _ 73

찌릿한 사랑 · 윤미영 _ 74

배시시 또르륵 · 이란자 _ 75

푸른 아멘 · 이란자 _ 76

따스한 햇살의 기도 · 이순자 _ 77

나의 아이들 세상의 아이들 · 이순자 _ 79

우리 다닥이 · 이정숙 _ 81

동행의 소리 · 이정숙 _ 82

땅과 하늘의 소리 · 임미정 _ 83

포근한 바위 · 임미정 _ 85

행복소리 · 전근이솜 _ 87

페이퍼데이지의 시선 · 전근이솜 _ 89

그리움의 소리 · 전숙향 _ 91

고픈 주고픈 · 전숙향 _ 92

등 · 정미화 _ 93

면사포 · 정미화 _ 94

할미 정원 · 정순시 _ 95

애틋하게 가슴 벅차게 · 정순시 _ 97

손톱 깎는 날 · 조성희 _ 98
닮아간다 · 조성희 _ 100
괜찮다 · 진영미 _ 102
사람 · 진영미 _ 104
덩그러니 · 한효원 _ 105
하늘 가득 치자꽃이 · 한효원 _ 106

제2장 미덕 : 조용히 빛나는 힘 _ 107

동행 · 강승구 _ 109
같이 놀자 · 강승구 _ 110
성공을 품은 실패 · 고명진 _ 111
자유 · 고명진 _ 112
나의 관점에게 · 김경화 _ 113
어여쁘게 곱게 · 김경화 _ 114
축제구나! · 김나림 _ 116
우주 최강 감사 · 김나림 _ 117
서로 · 김맹희 _ 118
이 아이 · 김맹희 _ 120
떠나보냄 · 김명희 _ 122
피스메이커 · 김명희 _ 124
반짝반짝 9년 · 김민주 _ 125

덕분에 · 김민주 _ 126

배우고 나누고 · 김보승 _ 127

평생 · 김보승 _ 128

정성스럽다 참되다 · 김송현 _ 129

인생의 또 다른 말 · 김송현 _ 131

토닥이며 · 김애자 _ 134

나의 보배 · 김애자 _ 136

엄마 덕분에 · 김예준 _ 138

베리굿 끈기 · 김예준 _ 139

쪼로록 · 김채완 _ 140

이제 나는 · 김채완 _ 142

선율이 된 하루 · 박보배 _ 144

순환 · 박보배 _ 145

그 자리의 온기 · 박수연 _ 146

질문 · 박수연 _ 148

속삭임의 힘 · 박정옥 _ 150

여기 있어 · 박정옥 _ 151

인류 계단 · 서혜주 _ 152

하트 정원에서 살고 있는 · 서혜주 _ 153

폭싹 속았수다 · 송태순 _ 154

덕분입니다 · 송태순 _ 155

최고의 마법 · 신경미 _ 156

따뜻함 단단함 · 신경미 _ 157

붉은 어버이날 · 신시옥 _ 159
오늘 하루도 · 신시옥 _ 160
그냥 다 감사 · 우승민 _ 161
중요한 건 · 우승민 _ 162
고개를 끄덕일 때 향기가 났다 · 유명순 _ 163
함께 즐거움 · 유명순 _ 164
너무너무 좋아 · 윤미영 _ 165
큰 선물 · 윤미영 _ 166
신나게 폼 나게 · 이란자 _ 167
란자 · 이란자 _ 169
소중한 선생님 · 이순자 _ 171
진짜 고마워요 · 이순자 _ 173
너를 닮은 아이 · 이정숙 _ 175
고마워예 · 이정숙 _ 177
Do Dream · 임미정 _ 178
마침표 없는 카르페디엠 · 임미정 _ 180
새벽 꽃시장 · 전근이솜 _ 182
붉은 엄마, 푸른 엄마 · 전근이솜 _ 184
향이와 글 · 전숙향 _ 185
내 사랑 · 전숙향 _ 186
끄덕끄덕 · 정미화 _ 188
그게 어때서 · 정미화 _ 189
육십하고도 일곱인 사람의 꿈 · 정순시 _ 190

줄 수 있다면 · 정순시 _ 191

갓난 엄마 · 조성희 _ 192

하나에서 둘 · 조성희 _ 193

미야의 꿈 · 진영미 _ 195

미야 영미 나, 흐르는 지금 · 진영미 _ 197

재고 따진 감사 · 한효원 _ 199

너그러움은 개나 줬던 날 · 한효원 _ 201

제3장 감정 : 흐르는 대로 느끼는 대로 _ 203

내가 좋은 나 · 강승구 _ 205

이제는 토닥임 · 강승구 _ 206

끝과 시작 · 고명진 _ 207

즐거운 내일 · 고명진 _ 208

새로운 기적 · 김경화 _ 209

나, 열 받았어! · 김경화 _ 210

나무 그리고 새싹들 · 김나림 _ 212

나림 그리움 · 김나림 _ 213

나는 에어로빅 선생님입니다 · 김맹희 _ 214

반짝이는 그리움 · 김맹희 _ 215

연결 · 김명희 _ 216

바라봄 · 김명희 _ 217

덕분이야 · 김민주 _ 218

절망 희망 · 김민주 _ 219

내 엄마 · 김보승 _ 220

GO! · 김보승 _ 221

그 계절들과 함께 · 김송현 _ 222

숨이 머무는 순간마다 · 김송현 _ 225

다시 친구 · 김애자 _ 227

인사할게 · 김애자 _ 229

감정은 곧 내 삶이다 · 김예준 _ 231

성장의 나무 · 김예준 _ 232

단단한 든든한 · 김채완 _ 233

그런 건가 봅니다 · 김채완 _ 235

바람이 전해 준 이야기 · 박수연 _ 238

베르테르의 사랑 이야기 · 박수연 _ 240

그 순간 · 박정옥 _ 243

이제는 · 박정옥 _ 244

새벽 · 박보배 _ 245

하나 · 박보배 _ 247

나의 아버지 · 서혜주 _ 249

쉼표와 마침표 사이 · 서혜주 _ 250

내 안에 뿌듯함이 · 송태순 _ 251

오히려 잘됐어 · 송태순 _ 252

봄날의 손 · 신경미 _ 254

훌훌 털고 일어난 날 · 신경미 _ 255

일렁이는 오월 · 신시옥 _ 256

목 놓아 · 신시옥 _ 257

편안해서 녹을 것 같은 날 · 우승민 _ 258

작은 이모 · 우승민 _ 259

꽃바다 · 유명순 _ 260

은혜 · 유명순 _ 262

향기로운 내 세상 · 윤미영 _ 263

깨달음 · 윤미영 _ 265

태윤이 찬슬이 · 이란자 _ 266

기도대로 · 이란자 _ 268

행복한 봄꽃 · 이순자 _ 269

이렇게 아름다운 계절에 · 이순자 _ 270

설레는 할머니가 · 이정숙 _ 272

다시 봄이다 · 이정숙 _ 273

선물 · 임미정 _ 274

인내의 이불 · 임미정 _ 276

부추김치 · 전근이솜 _ 278

소중한 당신 그리고 나 · 전근이솜 _ 280

엄마가 남긴 꽃 · 전숙향 _ 282

지금 · 전숙향 _ 283

레드카펫 · 정미화 _ 284

변화 · 정미화 _ 285

기쁨이 · 정순시 _ 286
그런 엄마 · 정순시 _ 288
거짓말쟁이 · 조성희 _ 290
사랑이었네 · 조성희 _ 291
바라봄의 향기 · 진영미 _ 293
봄날의 눈물 · 진영미 _ 295
집 앞 가로수길 · 한효원 _ 297
매일이 꽃 같은 봄 · 한효원 _ 298

제 1 장

사람 : 마음에 머무는 이름들

사람은 사람으로 인해 웃고, 울고, 살아갑니다.
누군가의 눈빛, 말 한마디가 마음에 남아
오랫동안 우리를 이끌지요.
이 장은 그런 사람들의 따뜻한 흔적을 담았습니다.
그들의 숨결, 말 한마디, 눈빛 하나가
우리 마음에 얼마나 깊은 자국을 남겼는지
다시금 떠올리며,
조용히 사랑을 되뇌어 봅니다.

내 친구

강승구

쌩쌩 시계바늘
멈춤 없이 쌩쌩 돌아간다.

조금만 천천히 가지,
친구와 만나기만 하면 뭐가 그리 바쁜지,
벌써 저만치 가 있고,

조금만 천천히 가자고 손 뻗으면,
저 끝에 다다라서, 뒷모습만 남기네.

하늘 할아버지

강승구

푸근한 하늘
푸근한 사랑으로 나를 감싼다.

우리 집 자판기

고명진

아빠는 나에게
자판기 같아

원하는 것
먹고 싶은 것
다 나와

가끔
엄마가 자판기를
고장내지만

나중엔 내가
아빠의 자판기가
되어줄게

북극성

고명진

긴 시간도 짧게
큰 사랑도 작게
느끼게 해주는
두 글자
엄마

북극성 같은 엄마는
원래의 빛보다
덜 밝아보인다

언젠가
그 환한 빛을

온통 다
느낄 수 있는 날이
올거다

엄마
사랑해

YES 우렁각시

김경화

우리 엄마는 우렁각시 같아.
사랑하는 큰딸의 배고픔 소리에
언제나 뚝딱뚝딱 맛있는 걸 차려주시지.
엄마는 NO가 없어.
언제나 YES야!

다화인

김경화

나의 직업은 보육 큐레이터.
아이들의 하루하루를
아름답게 기획하고 이끌어 주는 사람이다.
아이들의 하루하루를
아름답게 이끌어 주고 싶어
오늘도 나는 위대한 상호작용 교육을 듣는다.
이런 모습을 보고 사랑하는 큰딸은 나를
다화인이라고 부른다.

※ **다화인(多花人)** 마음에 여러 꽃이 피는 사람. 즉, 다양한 꿈을 품은 존재.

그 사이

김나림

엎치락뒤치락 처음엔 모든 것이 서툴렀지
아직도 나는 엄마라는 게 믿기지 않아

15년이 지나도
엄마라는 건 엎치락뒤치락

그러나
그 사이
그리고
그 사이
엄마라는 거대한 이야기가 되어간다

둘째 열매

김나림

주렁주렁 햇볕
주렁주렁 빛을 내고 있네

두 여인의 등

김맹희

아이고, 때 봐라!
까마귀도 울고 가겠네!

파릇파릇 봄 내리는 날
나의 등은 엄마의 미소를 밥 삼아 커져 갔다.

아이고, 때 보소!
까마귀가 웃고 가겠네요!

사박사박 눈 내리는 밤
엄마의 등은 딸의 사랑을 이고 지고 굽어 간다.

캡틴

김맹희

세상 바람이 쌩쌩 휘몰아쳐도
꿋꿋하게 우리를 지켜내는 당신은
조용한 영웅.
내 사랑 짱!

데칼코마니

김명희

꼬르륵 아프다
아야아야 맛있다

이놈의 입맛은
물러서지 않는다

매일을 견디는
성실한 사람처럼

엄마의 밤

김명희

밤새 불러대던 명희야 소리에
잠들 수 없던 수많은 밤들

그 밤을 그때는 몰랐습니다
부르는 소리가 아닌
매일 밤 나를 떠나고 있는 숨소리였다는 것을요

다시는 들을 수 없는 엄마의 밤
이제야 가슴으로 들어봅니다
명희야
명희야

순리

김민주

괜찮아
잘 하고 있어
토닥토닥 엄마의 손길에
나풀나풀 춤추는 나

토닥토닥 엄마의 사랑
이제는 내가 줄게요

등대

김민주

찰랑찰랑
그윽한 눈으로 나를 바라보는 바다
이제는 좀 쉬어도 돼요
바다처럼 넓은 사랑 한 가득
넘쳐흐르는 따뜻한 아들의 사랑
그냥 웃지요

새 나라의 콩나물

김보승

얼른 자. 얼른 자.
꾀꼬리 엄마 목소리가
호랑이 목소리로 바뀌는 순간
나는 일찍 자는
새 나라의 어린이가 되네요.

새벽까지 신나게 노는데
내 귀에 맴도는
호랑이 엄마 소리
얼른 자야 쑥쑥 큰다.
내가 콩나물인가?

사랑을 말아 쥐고서

김보승

반짝반짝 햇살 가득 사랑
쫀득쫀득 예쁜 할머니 표 김밥
옆구리 터진 김밥은 엄마 표 김밥
사랑 먹고 사는 나는
대한민국의 밝은 미래

한 번만 엄마

김송현

꿈에서라도 한 번만
엄마 얼굴 보여줄 순 없나요
말없이 누운 이 하루가
너무 길고
너무 아파요

작은 방 안
불 꺼진 채
나는 자꾸만 눈을 껌뻑여요
그 목소리 듣고 싶어요

벌떡 일어나라

그 말
한 번만 더
그 말
그 말이면 돼요
숨바꼭질 이제 그만
엄마
돌아와 주세요
그림자라도 괜찮아요
그리움도 안아줄게요
한 번만 엄마

눈을 뜨면 먼 하늘만
눈을 감아야 떠오르는 얼굴
그 사이에서 나는 매일
기다림만 키우네요

세상이 바뀌고 있어
미래는 네 세상이야
하고 싶은 거 다 해
먹고 싶은 거 다 먹고

나누고 베풀고
가치 있는 사람이 되어야 해

그 말
잊지 않을게
그 말
내 안에 살아
숨바꼭질 그만하고
이젠 내가 걸어갈게요
바람이라도 괜찮아요
기억이라도 머물러요
한 번만 엄마

올케의 바다

김송현

하늘을 봐도
별이 너무 멀고
땅을 봐도
길이 너무 어둡습니다.

철썩
철썩
오빠 이름을 부르는 파도.

출렁
출렁
올케 울음 삼키는 물결.

넘실
넘실
꺼내지 못한 말들
감춰버린 눈물
겹겹이 쌓인 위로의 바다.

기다림에 닳아버린 가슴을 안고
올케는
바다 앞에 무릎을 꿇습니다.

이 바다 끝 어딘가에
오빠가 있을까 봐
손을 뻗고
목이 터져라 부르다가
심해 속에 사랑을 던집니다.

살아서도
죽어서도
올케는
오빠를

놓지 못합니다.

심연을 품은 바다는
오빠를 사랑한 증거입니다.
오빠를 잊지 못해
오늘도 살아남은
올케의 심장입니다.

세상에서 가장 비싼 도시락

김애자

도시락을 놓고 학교에 갔네.
엄마는 도시락을 가슴에 안고
들 지나고 산을 넘어 30분 길,
학교까지 달려왔네.
먼 길 학교까지 달려왔네.

헐떡이며 내민 허름한 도시락,
그 속에는 밥보다 뜨거운 사랑이 담겨 있었네.
딸 밥 굶길까 봐 먼 길 헉헉이며 달려온 울 엄마.

그땐 몰랐네.
엄마의 뜨거운 사랑을.

고맙습니다. 엄마!
내 삶의 모든 원동력은
당신의 사랑이었음을
이제야 깨달았습니다.

꽃을 피우는 천사

김애자

너를 처음 품에 안았을 때
내 마음엔 작은 파도가 일렁였네.

오밀조밀 예쁜 입, 빛나는 눈망울.
너를 보면 언제나 내 마음엔 예쁜 꽃이 피어나네.

활짝 웃는 웃음은 언제나 나를 행복하게 하네.
너는 나의 엔돌핀.
너는 나의 기쁨.

언제나 지금처럼 환하게 웃어 주렴.
언제나 지금처럼 밝게 웃어 주렴.
사랑한다.
나의 천사여.

기분 좋은 비

김예준

엄마는 어째서 일을 할 때
들썩들썩 기분이 좋은 거야?

주륵주륵 사랑
주륵주륵 떨어지는
아빠의 사랑의 비

나의 인생을 업그레이드 시키는 우리 가족

김예준

인스턴트 음식보다 더 맛있는
할머니의 반찬과 음식

매운 음식처럼 나를 화나게 하는
형의 장난

게임보다 더 재밌는
아빠와 하는 놀이

독서처럼 집중하게 해주고
인생의 도움을 주는
엄마의 조언

이처럼 나를 행복하게 하는
우리 가족의 특징들과
나를 사랑하게 해주는
우리 가족이었습니다!

나는 새다

김채완

휘익, 퍼덕 —
바람을 가르며
나는 난다.
나는 새다.

파닥파닥 —
세상의 두려움도
펄럭펄럭 떨쳐내고,
훨훨 —
하늘을 가른다.

나는 넘어지지 않는다.
툭 — 가지에 내려앉을 때도,

흔들흔들 – 흔들려도,
나는 다시
퍼덕이며 일어선다.

내 안에 숨겨진
단단한 재능,
반짝이는 힘을
꼬물꼬물 키워낸다.

세상의 거센 바람이
쌩쌩 불어와도,
와글와글 변하는 소리에도,
나는 주춤하지 않는다.

유연하게,
가볍게,
그러면서도
단단하게.

휘파람 부는 하늘 아래,
나는 휘익 -
자유롭게, 새처럼
강하게, 유연하게
날아간다.

톡톡 튀는 아침

김채완

촤르르—
햇살이 스며드는 이른 아침,
사락사락—
마음들이 모여든다.

톡톡톡—
연어알처럼 튀는 웃음소리,
방울방울—
싱그러운 설렘이 퍼진다.

백미정 작가님의 열강은
촤아악—
가슴에 시원하게 번지고

찰랑찰랑—
지혜가 맑게 흔들린다.

함께한 모든 분들의 마음에도
포근포근—
사랑이 내려앉는다.

토요일 아침,
소복소복—
감사와 행복이 쌓여간다.

오늘,
처음 경험한 이 설렘은
반짝반짝—
가슴 한구석에 오래도록 빛날 것이다.

고맙습니다,
사랑합니다,
토닥토닥—
자꾸만 웃음 짓게 되는 아침입니다.

특효약

박보배

배고플 때
엄마
힘들 때
엄마
울음 터질 때
엄마
실수했을 때
엄마야
놀랄 때
엄마야
넘어질 때
엄마야
마음에 피가 날 때

엄마 엄마

우리 마음속에서
살고 있는
엄마
그리고 상처는
땡!

사랑 한 젓가락

박보배

그 남자가
내 밥숟가락 위에
멸치반찬을 올려준다.

유통기간이 긴 사랑.
30년째다.

초록색 아버지

박수연

누가 오란다고 얼른얼른 가버렸나요
고구마 밭이 외롭다고 하든가요
마누라 그리움은 어쩌라고
울 엄마 눈에 눈물 흘리게 하는
초록의 무덤

새까만 침묵

박수연

흐윽 흐윽 흐느끼지 말고
슬프면 슬프다고 말이나 하지
딸내미 속이 새까맣게 타도록
내 엄마 속 태우는
그놈의 그리움

콩닥콩닥 조마조마 우리 엄마

박정옥

새근새근 잘 좀 주무시지
또 눈을 껌벅껌벅
전화 끊자마자 가슴은 콩닥콩닥
보내자마자 가슴은 조마조마
걱정도 척척
사랑도 척척
엄마 마음은 늘 분주하다

하늘꽃 아빠

박정옥

살랑살랑 벚꽃잎
살랑살랑 꽃잎 하나
아빠의 웃음 같아 손에 꼭 쥐어본다

연

서혜주

나래를 펴렴, 활짝
나에게서 세상으로, 훌쩍

따박따박 과거의 추억 엮어
또박또박 미래의 기대 연다

창조

서혜주

한들한들 코스모스
한들한들 네 안에 온 우주가 담겼다

아들바라기

송 태 순

무뚝뚝하고 야무진 그 입술로 사랑한다 하더니
무뚝뚝하고 야무진 그 입술이 자물쇠되어
안타까워
조잘조잘 변해가는 내 입술
어느덧 나도 토종 엄마가 되었네
다르게 살고 싶었는데
내 엄마를 닮았다

짝사랑

송태순

요래보고 조래보고
아플세라
안절부절 노심초사하는
나는 영원한 자식바라기.

내 가슴은 콩닥콩닥
눈에 넣어도 아프지 않는 내 보물
솜방망이질하는 내 심장은 언제나 청춘
짝사랑하게 해줘서 고마워

심해

신경미

툭툭
이제는 좀 털어버리지

엄마의 아들바라기는
왜 이리 끝이 없을까

딸래미는
눈물 바다에 서러움 둥둥
엄마는 내 맘 알까

괜찮아
엄마는 그냥
행복하면 돼

태양의 웃음소리

신경미

깔깔깔,
해바라기 아들은
늘 웃기만 하면 좋겠구나.

깔깔깔,
웃음 주는
나의 햇살이여.
나의 아들이여.

바보라서 좋아

신시옥

바라만 보아도 웃음이 실실실
생각만 해도 사랑이 퐁퐁퐁
세상에 둘도 없는
바보 할머니

딸이 엄마가 된다는 것

신시옥

어스름 수변공원 거닐 때
꽃 반딧불이 호주머니 속으로
쏘옥 들어오더니
예쁜 태아 선물로 왔네

사랑스런 반디야
우주에서 가장 포근한 엄마 자궁에서
무럭무럭 자라서
응애응애
태초의 노래를 부르며
건강하게 세상에 나오렴

부모님께

우승민

아빠 빨리 나오지.
화장실에서 핸드폰 하지 말고.
엄마 집안일 그만하지.
나랑 좀 놀게.

친구

우승민

시끌시끌 친구.
시끌시끌,
안 시끄러운 날이 없네.
그래도 나는 친구가 좋네.

그대와 맞이한 그 계절

유명순

생글생글 눈웃음
어떻게 저렇게 웃을 수 있지?

뉘엿뉘엿 저녁 노을빛
벗을 삼아 다가오는 그대여.

데굴데굴 바람에 떨어진 꽃잎
핑크빛 거리를 만들었네.

흔들흔들 나뭇가지
이제는 푸른 잎으로 우리를 맞이해 주네.

세월기도

유명순

장독대 항아리에 넘쳐버린
엄마의 눈물

그 겨울
눈이 많이 내려 미끄러웠던
그 겨울
기 막혔던 사건
그 마음
아들을 먼저 보낸
그 마음
기 막혔던 세월

어렸던 나는

고개만 갸우뚱거리다

이제는 엄마 세월로
주 앞에 엎드려 기도하네

내 마음 엄마 마음

윤미영

맨날맨날 엄마 엄마
친정에 살 거냐 엄마 엄마
세상을 다 가진 마음을 주는 엄마 엄마

찌릿한 사랑

윤미영

푸다닥푸다닥
저 성질 어째
그런다고 달라지나
고마 푸다닥해
고마 푸다닥해
내 사랑아

배시시 또르륵

이란자

배시시 환한 모습
다시 좀 보여주지

그리운 울 엄마

꿈에서도
어찌 그리 소식이 없소

철부지 마음
죄스러움에
훌쩍훌쩍

막내 딸 그리움에
먼 산 바라보니
애달픔이 또르륵 굴러내린다

푸른 아멘

이란자

아멘아멘 에셀나무

깊고 깊은 땅속에
꿀꺽꿀꺽 마신 물이

살랑살랑 봄바람
연두연두 잎사귀를 펼쳐주면

둥실둥실 흰구름과
초록 초록이 되어

싱글싱글 나의 얼굴
푸름이 펼쳐지네

따스한 햇살의 기도

이순자

아가야!
너를 처음 보는 순간
나의 새로운 세상도 함께 왔구나.
작은 손, 작은 발, 너의 모습 하나하나가
별이 되어 반짝반짝

너의 웃음은 노래가 되었고
너의 움직임은 춤이 되는구나.
너의 울음은 많은 이야기가 되고
우리의 몸과 마음을 움직이게 하는구나.

아가야!
너의 앞길에 작은 바람과 큰 바람이 불어도

언제나 너의 등 뒤에서
따스한 햇살 되어 지켜보며 응원할게.

사랑하는 아가야!
우리 가정에 선물로 와 준 너는
세상의 빛이고 기적이구나.
너의 모든 날이 기쁨으로 가득하기를.

나의 아이들 세상의 아이들

이순자

반짝반짝 작은 눈망울들을
하루하루 가슴에 안고,
계절을 건넜지요.

35년 어린이집 운영의 힘은
아이들의 울음, 웃음, 첫걸음 그리고
사랑이었어요.

가끔
책임감에 묻어있는 눈물길을 걸었지만
나를 불러주는 아이들 목소리에
그 길은 희망길로 바뀌었지요.

어려움 속에서도
꾸준히 지켜온 사랑과 키워낸 꿈,
그 모든 순간이
아이들을 사랑하는 교육자의 길이었습니다.

아이들과 함께
세상과 함께
노래하고 춤추며
사랑의 정원에
영원을 피워냅니다.

우리 다닥이

이정숙

다닥다닥 잘도 달리는
손자 도형 도련님은 모든 게 흥미진진하네
엄마 아빠 애타게 하는 호기심
무럭무럭 성장하는 다닥다닥이

동행의 소리

이정숙

부릉부릉 자동차
부릉부릉 오늘도 함께 길 위로 달린다.

땅과 하늘의 소리

임미정

터벅터벅
얼른 좀 나오시지!
엄마의 여유는
왜 그리
소식이 없소?

퍼떡퍼떡
얼른 좀 나오시지!
엄마의 건강은
왜 그리
소식이 없소?

살포시 살포시

얼른 좀 나오시지!
엄마의 행복은
왜 그리
소식이 없소?

사르르 사르르
눈꺼풀 내리신
육십셋 엄마
땅 품고 하늘 담은 울 엄마
이젠
행복하시지요.

포근한 바위

임미정

사랑아!
넌
잘할 수 있어.
단단한
바위 믿음을
안겨 준
당신!

사랑아!
넌
해낼 수 있어.
봄날의
햇살처럼 희망을

안겨 준
당신!

그때는
몰랐었네.
든든하고
포근한
제자 사랑이라는
것을.

행복소리

전근이솜

엄마?
엄마?

엄마!

아침 햇살에 반쯤 뜬 눈을 비비며
품으로 찾아드는 아이.
하루가 열리는 소리.

두리번두리번

형아는요?

형아!
형아!

형아 방으로 달려가는 아이.

하루,
또 하루가 행복이다.

페이퍼데이지의 시선

전근이솜

하늘하늘
가느다란 줄기 끝에
매달리듯 핀,

페이퍼데이지 같은
내 친구 양이!

작은 바람에도
바스락바스락
소리를 낸다

네 몸 하나 지탱하기 버거울 것을
너는 세상을 향해

바스락바스락
마음을 흩어놓네

바스락바스락
사랑을 흩어놓네

그리움의 소리

전숙향

깔깔깔!
엄마의 웃음소리는
가뭄에 콩.

환한 얼굴,
하얀 미소,
갈망했던 그 소리!

이제는
들을 수 없는
그리운 깔깔깔!

고픈 주고픈

전숙향

보글보글
된장찌개
먹어도
먹어도
고픈
나의 사랑 찌개

보글보글
김치찌개
주어도
주어도
더 주고픈
나의 보석 찌개

등

정미화

뭐가 그리 바쁜지
딸내미 한번 쳐다보지
그게 뭐가 어렵다고
텅 빈 마음 스르르
나도 숨어버린다

면사포

정미화

방울방울 이슬 맺힌
장미꽃
그 모습 보기도 너무 아까워
하얀 마음으로
천천히
살포시
만져본다

살짝 떨림에
활짝 피어나는
나의
장미꽃

할미 정원

정순시

성큼성큼 자라는
우리 정안이
오월에 온다니
내 마음은 벌써 정원이 되었네.

꼼지락 꼼지락
지구에 온 너를 처음 보았을 때
언제 자랄까
내 마음도 꼼지락 꼼지락거렸지.

사뿐사뿐
성큼성큼
세월과 함께 너는

우리 가족에게 반짝반짝 빛나는 보석이 되었네.

정안이 덕분에 우리 가족 모두
사랑꽃 웃음꽃이 활짝 피었네.
이 세상에서 제일 예쁜 꽃은
우리 정안이 꽃.
정안이 보석 정안이 꽃을 이 할미 정원에 둔다네.

애틋하게 가슴 벅차게

정순시

아들 아들 우리 아들
부족한 엄마라
미안 미안 미안해
아들이 절로 자랄 줄 알았지
바쁜 엄마로 많이 놀아주지 못해
애틋한 마음만큼은 서서히 흘러가는 엄마가 되었네
엄마의 삶은 울퉁불퉁한 삶이었지만
아들의 삶은 살랑살랑 가슴 벅차게
눈부시게 살아라

손톱 깎는 날

조성희

또각또각
너의 손톱을 하나 하나
깎아주고 싶었다

기다리고 또
기다렸다
너의 손톱이 자라기를
보고 보고 또
보았다

좀처럼 자라지 않는
너의 손톱이
내 사랑 같아서

엄마 가슴에
미안한 맘만
자꾸만 자랐다

너무나 행복했던 날
너의 손톱 깎는 날

닮아간다

조성희

양볼 폭 파인 보조개
몽당연필 같은 손가락
진하지 않은 눈매
나를 닮아 더 좋았을까

엄마가 좋아하는 걸
좋아하는 너
엄마가 부르는 노래
엄마가 읽는 책
꼬들꼬들 미역줄기
요리조리 요리하기
낯선 세상 여행하기
귀여운 인형놀이

나를 닮으려 해서 더 좋았을까

어느새
엄마 옷을 입고
등교하는 너
훌쩍 커버린 너와 함께
글을 쓰는
이 순간
난
널 닮고 싶다

괜찮다

진영미

푸다닥 파다닥
새벽 마음 바쁘게 뛰어가
시간은 나를 툭 밀어낸다.
말보다 먼저 가는 가슴
줌 화면 속으로 마음이 찰랑찰랑 흘러간다.

토요일 아침
힐링 강의를 듣는 줄 알았는데
시를 적어야 한다는 사실이
부담스러워 머뭇거린다.

푸다닥 내 마음
한 걸음씩 느리게

가만히 놓아둔다.
괜찮다.
급한 마음
천천히.

사람

진영미

사라락 건네던 말
마음 속 조용히 스며든
그 온기의 사람

말보다 깊은 눈빛
손끝에 담긴 다정함
있는 그대로 품어준 사람

지친 날 말없이
내 옆에 스르륵 다가와
마음의 무게를 덜어주고
내 삶을 잔잔히 물들어 준 사람

덩그러니

한효원

가면 간다고 말이나 해주지.
밥 차리다 들었던 허망한 이별.
말도 없이 가버린 하늘 여행.
덩그러니 남겨진 야속한 그리움.

하늘 가득 치자꽃이

한효원

하얀 흰머리, 바람에 살랑.
봄 길 따라 피어난 치자 꽃내음.
주름진 손, 한가득 하얀 치자꽃.
나비 되어 팔랑팔랑 날아갔구나.

제 2 장

미덕 : 조용히 빛나는 힘

소리 없이 빛나는 마음의 힘들이 있습니다.
삶을 지탱해 주는 미덕의 조각들을 시로 모아,
다시 떠올려 봅니다.
누군가에게 따뜻한 말을 건네고,
스스로에게 관대해지는 순간의 고요한 떨림,
그 모든 것이 시가 되어 여기에 머물렀습니다.
잊혀졌던 아름다움들을 다시 꺼내어 바라본 후
마음에 곱게 놓아 두길 바랍니다.

동행

강승구

믿음직한 승구는
사람들과 동행하는 멘토가 되었고
믿음직한 나의 사람들은
나와의 아름다운 동행을 시작하게 되었다.

멘토는 가르치는 사람이라기보다
동행하는 사람이라고

믿음직한 동행자들과 함께 하며 알게 되었다.

또 나는
나의 멘토가 되기로 했다.

같이 놀자

강승구

나 열정 절대 심심하게 안 만들 거야
맨날천날 멋있다 말해주고 함께할 거야
한창 활발할 때인데 왜 산책 한 번 안 해주냐
우리 열정이 빼고 놀기만 해 가만 안 둘 거야
내 베스트 프렌드 열정아 우리 항상 같이 놀자

성공을 품은 실패

고명진

용기 없던 열 살의 나는
이젠
용기가 많아서
나눌 수 있게 되었다

장기 자랑 때
내가 먼저 한 곡 부르니
두 팀이 우르르
오디션행

오디션은 실패
내 마음속 감정은 성공
실패는 성공의 어머니가 아닌
실패 속에
성공이 들어있는 것이다

자유

고명진

나
자유를 처박아 놓지 않을 거야
매일
잘했다 해주고
칭찬해줄거야
내 기본권인 자유를
왜 가만 두냐
어떤 강요도 독재도 끄떡 없다
언제까지나
어디에서도
품고 다닐꺼야
난
자유를 누릴 수 있는데!

나의 관점에게

김경화

나는 너를 언제나 응원할 거야.
마음의 빗자루로 매일 먼지를 털어낼 거야.
어떤 날에도 흔들리지 않도록 말이야.
너는 나의 미래이자 빛이니까.

그래서
오늘도
묻는다.

나는 지금 무엇을 보고 있는가?

어여쁘게 곱게

김경화

어여쁜 경화는
마음도 어여쁜 사람이 되고 싶었다.
그래서 오늘도 조용히 다듬는다.
눈빛 하나, 말 한마디,
그 안에 담긴 태도를.

겉모습으로만 알 수 없는
세상을 마주하는 나의 숨결 하나하나가
태도가 되리라.
신이 나를 보듯,
나도 세상을 향해
고운 시선을 잃지 않는 일.

마음이 흔들릴 때면 나직이 속삭인다.

괜찮아,
지금도 충분히 고와.

이 마음,
이 태도가
결국 나와 세상이 될 것이다.

축제구나!

김나림

열 살 나림이는
있는 그대로를 사랑하는
마흔 다섯 나림이를 만났고
잘 놀 수 있는 어른이 되었다
굽이굽이 인생이
한바탕 축제가 되었다

우주 최강 감사

김나림

나 감사 안 굶겨!
매일매일 감사한 거 적고
소리내어 말할 거야
100년 된 고전하고도 안 바꿔!
나의 8년 된 감사 일기장
나의 감사는
우주 최강이야!

서로

김맹희

이십사 년 차
숨 가쁘게 달려온 땀방울들이
마룻바닥에 조용히 걸음을 멈춘다.

서로 다른 걸음,
서로 다른 사연 속에서
조금 느린 이를 기다리며
보폭을 맞춘다.

84명의 손짓,
84명의 눈빛이
서로의 인생이 된다.
몸은 운동으로

마음은 배움으로 단련되어
서로의 미래를 바라본다.
그리고
서로의 이름 앞에 써 놓은 단어를
조용히 내뱉는다.

동행.

이 아이

김 맹희

나의 열정이는 쉬지 않아요.
밤이 와도 지치지 않고
달빛 속에서 타오르고 있다고요.
야근하냐고요?
아니요,
그냥 이 아이는
꺼지지 않는 불꽃이에요.
사람들은 이 아이를
양파 같다고도 해요.
벗겨도 벗겨도 끝이 없다고요.
게으름과 귀찮음이 저에게 놀자 해도
저는 웃으며 말해요.

미안,
열정이랑 글쓰기로 했어!

이 아이와 나는
아주 오래된 절친이랍니다.

떠나보냄

김명희

이젠
떠나도 좋아
그동안
고마웠다

낮이고 밤이고 찾아왔던
너
뿌리쳐야
마땅했다

정도 말고
미움도 말고
평화로이

떠나길 바란다

다시 오지 않을
너를 보며
축배를 든다

잘 가
살들아

피스메이커

김명희

꽃가루 가득한 테이블과 의자를 대충 털고 앉는다

풍성한 나뭇잎 사이로 봄볕이 뜨겁다

옅은 바람결에 찻잔 속으로 연둣빛 무엇인가 떨어졌다

먼지라고 털어내지 않고
꽃차라고 마셔버리는 내가 되었다

반짝반짝 9년

김민주

태양 가득 여름날
먹구름 가득한 민주는
살고 싶었다.
민주를 살게 한 9년차 감사일기는
환한 빛으로 세상을 바라보게 해 주었다.

어둠의 끝이 없는 것이 아니라
내 마음이 환한 그곳을 바라보고 있었다.
반짝반짝 감사는 나를 밝음으로 안내해 주었다.
살아 있다는 건 참 감사한 일이야!

덕분에

김민주

이제 그만 좀 하지?

왜?
나는 끈기랑 평생 친구 할 건데.
너 자꾸 포기하니까 내가 부럽구나.
내 친구 끈기를 무시하기만 해 봐.
가만 안 둘 거야.

평생 친구 끈기야,
덕분에 내가 있어.
고마워!

배우고 나누고

김보승

영화를 보면서 눈물 흘리는 나는
친구들의 속상함을 들어주는
공감 능력을 가졌다.

공감은 어려운 거라고
누군가 말하지만
엄마가 내게 보여 주는 공감 능력을 보면서
나도 배우고 나눈다.
공감은
친구 관계를 풍성하게 해 주는 고마움이야.

평생

김보승

나 앞으로도 성실이랑 잘 지낼 거야.
지금 조금 부족해도 괜찮아.
너만 내 곁에 있어 준다면
앞으로 내 미래가 더 환하게 빛날 테니까.
평생 내 옆에 있어줄 성실아,
가끔 내가 잊어버리면 얼른 찾아와 줘.

정성스럽다 참되다

김송현

사십 중반의 나, 나는
어머니를 잃고
원장이 되었고
어머니 향내를 가슴에 품고
작가가 되어가고 있었다.

오십 중반의 나, 나무는
생로병사의 바람을 견디며
조용히
우직하게
거목이 되었다.

세찬 풍파,

절규하는 인생 구간,
내 친구 나무는
나를 노거수를 닮은 존재라 칭하며
튼튼하고 넓은 팔로 이끌어 주었다.

그리하여
나와 나무는
성실히
함께
생육하였다.

나와 나무는
정성스럽고 참되게
이렇게 또 함께
자연으로 스며들 것이다.
새로운 향내 되어
다시 푸를 것이다.

인생의 또 다른 말

김송현

나,
감사를 굶기지 않을 것이다.
하루도 잊지 않고
풍성히 먹이고
따뜻이 품을 것이다.

내 안에 숨 쉬는
위대한 이름,
감사를
어찌 구석에 내몰 수 있으랴.
천만 금, 억만 금 준다 해도
나는 이 말 놓지 않으리.

감사는
나의 심장이고,
나의 우주며,
나의 기도,
나의 깃발이다.

꽃이 피고 지는 것이 진리이듯,
인생꽃도
스스로의 리듬으로 피고 진다.
그 모든 계절 위에
감사는
조용히,
단단히,
흐른다.

감사,
평생 품고 살아가리라.
어떤 순간에도
가장 먼저,
가장 오래 꺼내어 들리라.

세상에서 가장 빛나는
보물 1호,
나의 감사여!
너는
나의 전부다.

토닥이며

김애자

평생 나와 함께 한
헌신.

가족 위해 밥상 차려놓으면
나는 안 먹어도 배부르다
언제나 흐뭇한 미소 짓네.

내 헌신 알아주는 이 없어도
평생을 가족 사랑 위해 몸과 마음 다 바쳤네.

오늘은 헌신을 토닥이며 위로해 주려네.
헌신아,
수고했다!

헌신아,
고맙다!
나의 헌신아,
엄지 척!

나의 보배

김애자

나,
끈기 밥 안 굶길 거다.
한우 한 근,
혼자 다 먹게 할 거다.

내 끈기,
왜 맨날 헌신짝 취급 하냐?
강산이 백 번 변해도
끈기랑 행복하게 살 거다.

'공유'같은 사람이 와도
끈기랑은 안 바꾼다.

세상에서 가장 멋진
나의 베스트 프렌드.
세상에서 가장 소중한 나의 보배
끈기!

엄마 덕분에

김예준

열세 살 예준이는 용기가 많아졌고
그 용기 덕분에 작가가 되었다.
내 머리는 이렇게
이 글을 적을 수 있는 고수가 되었다.

아,
아!
나는 용기로만 고수가 된 게 아니라
엄마의 도움으로 고수가 된 거구나!
엄마,
사랑해.

베리굿 끈기

김예준

내 끈기 안 놓을 거야!
매일 포기 안 하고
할 수 있을 때까지 할 거야!
나한테 제일 중요한 걸
왜 없앨라 그래!
나의 끈기는
아, 굿
아, 굿
아, 베리베리 굿!

쪼로록

김채완

쪼로록—
나뭇잎에 떨어진 빗방울 하나.

쪼로록—
메마른 가지를 타고
촉촉히 스며든다.

지친 나무는
그 한 방울에 숨을 쉬고,
싱그러운 잎을 틔워
다시 반짝 살아난다.

삶도 그렇다.
작은 위로 하나,
한 방울의 다정함으로
다시 피어날 수 있다.

이제 나는

김채완

긴 어둠을 지나
나는 다시 태어났다.

팔거천 새벽길을 걷는 아침,
차가운 공기 속에
내 마음은 맑아지고
희망은 조용히 깨어났다.

좋은 생각을 품고
몸을 일으키는 작은 습관들이
나를 다시 나답게 만들었다.

이젠 안다.
삶은 거창한 결심보다
매일을 지켜내는
단단한 마음에서 시작된다는 걸.

나는 오늘도
힘차게 날갯짓을 한다.
어제보다 조금 더 자유롭게,
조금 더 따뜻하게.

누군가에게
희망이 될 수 있기를 바라며,
좋은 영향력으로
나는 오늘을 살아간다.

흔들리던 날들을 지나
이제 나는
나 자신에게 가장 든든한 편이 되었다.

선율이 된 하루

박보배

나비가 날아간 길을 따라
선을 그리면,
그건 노래가 된다.
도레미파,
솔솔솔.

내가 걸어온 길도
그려보면
노래가 되고
춤이 되지 않을까?

솔솔솔,
인생의 바람이 분다.
기분이 좋다.

순환

박보배

사람이 모여
삶이 되고
삶을 풀어보면
또
사람이 되네.

사람이 삶이 되어
마침내
사랑이 된다.

사랑은,
모든 걸 반짝이게 한다.

그 자리의 온기

박수연

"엄마!"
학교 갔다 와서 가장 먼저 부르는 이름
햇살 같은 땀방울을 이마에 이고
"배고프다, 밥 먹어라" 하셨죠!

네모난 도시락 가운데
동그마니 앉아 있는 계란후라이
엄마의 가득한 사랑이었죠!

처음 글자를 썼을 때
삐뚤빼뚤, 무슨 글자인지도 모를 정도였지만
세상에서 제일 잘 썼다며
미소 지어 주셨죠!

열이 올라 칭얼대던 밤이면
밤새 이마를 짚어 주시고
동네 친구랑 싸우고 울다 들어왔을 땐
언제나 내 편이 되어 주셨죠!

"엄마"
세상 전부였던 그 품
지금도 내 마음 깊은 곳에
가장 따뜻한 자리로 남아 있어요.

"엄마"
정말 고맙습니다.
오늘도, 그리고 영원히.

질문

박수연

'검은 머리 파 뿌리 될 때까지'
그리 오래도록 사랑하라는 말이었다.

흰 머리 뒤섞인 주례의 입에서
이 말이 나오면,
하객들은 웃고
신랑 신부는 부끄럽게 웃었다.

사랑은 견디는 것이고
결혼은 버티는 것이라
그렇게 말없이 알려주던
한 시대의 관용구였다.

이제는 사라졌다.
식장에 울려 퍼지는 건
사랑은 자유고
끝도 선택이라 말하는
현대식 주례 없는 결혼

검은 머리 파 뿌리 되기 전에
그만두어도 괜찮다는 시대
하지만 나는 묻고 싶다.

정말 그 말이,
이제는 너무 낡은 것일까
아니면
우리가 그 말처럼
사랑을 견디지 못하게 된 걸까!

속삭임의 힘

박정옥

멈춰 서 있던 나는
스스로를 꺼내는 사람이 되어가고 있고
아주 작은 떨림은
내 안의 길을 열어주었다.

나는 이제 안다.
시작은 거창한 결심이 아니라
고요한 속삭임에 있었다는 것을.

여기 있어

박정옥

기회,
기다리지 않을 거야.
내가 먼저 눈 맞추고,
손 내밀 거야.
오늘도 말해줄 거야.

지금이야, 멈추지 마.

불안이 와도 끄떡없어.
내 흐름은 내가 만들어.
기회는 우연이 아니라
나의 선택으로 오는 응답.

그래서 나는 망설이지 않고 말할 거야.

기회야, 나 여기 있어.

인류 계단

서혜주

자기를 몰랐던 쉰 여섯 혜주는
자뻑 여왕이 되었다

살아 온 쉰 여섯 해는
자기애와 함께한 층층계단이 되어 주었다

자기애는 한 사람에 머무는 것이 아니라
확대 재생산되는 것이었다
그것은 곧 인류애가 되었다

하트 정원에서 살고 있는

서혜주

나,
긍정을 절대 놓지 않을 거야
매일 물 주고 가꿔서
그 투명한 푸르름을 유지하도록 할 거야
내 삶의 원동력인 긍정을
왜 먼지 취급해?
여하한
부정 덩어리가 와도 끄떡 없어
마지막 순간까지 함께할 거야
나의 긍정에게
하트 백만 개!

폭싹 속았수다

송태순

나는 똑순이와 이별하지 않을거야
귀찮음과 나태함이 찾아와도
나는 똑순이를 꼭 지켜서
멋진 어른으로 살아갈 거야
지혜롭게 하루를 맞이하고
지혜롭게 하루를 마감하는
똑순아 환영해.
나에게로 와 지혜롭게
폭싹 속았수다 (정말 수고하셨습니다)

덕분입니다

송태순

나만 알던 이기적인 나는
상대를 알아가고 소통해내는
스토리텔러 작가가 되었고

가족이 전부인 줄만 알았던 나는
겸손하게 세상을 알고
우주를 알아가는
다시 봐도 사랑스러운 내가 되어감에
감사합니다
덕분입니다

최고의 마법

신경미

서른아홉 캔디는
두려움 대신 당당함을 선택했지.

꿈을 찾아
배움의 길에 들어섰고
앞이 막막했지만
다시 웃을 수 있었어.

세찬 비바람에
산산이 부서져도
다시 웃을 수 있었어.

캔디가 다시 웃으며
인생을 살아가게 하는 마법,
그건 긍정이더라.

따뜻함 단단함

신경미

나,
자신감 감추지 않을 거야
가끔은
잘난 척한다는 말도 듣지만
나는 매일 꺼내 볼 거야

오늘도 잘했어, 참 멋져
속삭이며 칭찬해줄 거야
비가 와도
눈이 내려도
기뻐도
슬퍼도
흔들리지 않아

나의 자신감은
다시 나는 새처럼
더 깊게 뿌리내리는 나무처럼
영원할 거야

나의 가장 따뜻하고도 단단한 힘,
자신감!

붉은 어버이날

신시옥

열여섯 울 어머니 정신대 피해 시집 가고
열아홉 울 아버지 철없이 장가 들었네

첫아들 돌 무렵 6.25전쟁 참전해
3년 만에 생환하신 아버지
울 어머니 가슴 다 타서 숯 검댕이 되었네

모진 세월 견디며 육 남매 잘 키워내
오래오래 효도 받아야 마땅한데
기다려 주지 않고 요단강 건너가셨네

올해도 어김없이 찾아온 어버이날
붉은 그리움이 사무친다

오늘 하루도

신시옥

난 감사랑 친하게 지내고 싶어
매일 잘한다 토닥여 주고 칭찬해 줄 거야

나의 친구 감사를 왜 주저주저하니
용기 내어 감사 표현을 해야지

살아 있는 동안 감사를 계속 할 거야
불평이 불만이가 얼씬거리지 못하도록

나에게 행복을 주는 감사에게
사랑을 담아
손하트 뽕 뽕 뽕

그냥 다 감사

우승민

이 시를 쓰는 것에 감사.
도움을 준 엄마에게 감사.
함께해주시는 작가님들도 감사.
그냥 다 감사.

중요한 건

우승민

끈기를 내버려 두는 건 안 돼요!
사람한테 제일 중요한 건
끈기라고요.
끈기는
희망의 끈이라고요!
끈기를
자식처럼 보살펴 줘야 해요.
다 포기하면
희망은 사라져요.

고개를 끄덕일 때 향기가 났다

유명순

중년의 왕눈이는 꽃을 경청하듯
그대의 말을 경청하는
마음의 향기를 내뿜어 보아요.
그대의 마음을 듣기.
나의 마음을 쓰기.
우리의 마음에 끄덕이기.

그대의 어깨와 눈망울
그리고 감정까지 들어주는
왕눈이.
그대의 말을 경청할 수 있었던 것은
주의 사랑 덕분이지요.

함께 즐거움

유명순

즐거움아!
책이 먼지가 쌓이도록 안 둘 거야.
책을 꺼내 한 장 한 장 넘기며 너를 누릴 거야.

스르르 잠이 와도
너에게 책을 읽어주며 함께 할 거야.

책과 함께 동반자과 되어준 즐거움아,
넌 최고야!

너무너무 좋아

윤미영

행복아 어서와
행복아 반가워
행복아 어디에서 왔니
행복아 고마워
행복아 행복아
난 네가 너무너무 좋아

큰 선물

윤미영

내가 있어 참 좋아
내가 있어 희망을 가져
내가 있어 꿈꾼다
내가 준 큰 선물
행복한 미래
땡큐

신나게 폼 나게

이 란 자

둥글둥글한 란자는
흙을 버리고
진주가 되었다

가로 세로 각이 있던
성원이는
네모를 버리고
둥글둥글한
바퀴가 되었다

그렇게 우리는 버렸다

그리고 보내었다

그래서 진주를 싣고 가는
다이아몬드 바퀴가 되었다

햐호!
오늘도 우리는 달린다!

신나게!
그리고
폼 나게!

란자

이 란 자

나,
푸른 꿈 감추지 않을 거야!

쓰담쓰담 온기 주고,
으쌰으쌰 힘을 줄 거야!

반겨주는 내일이 있어,
나의 꿈은 언제나 달려가는 거야!

있는 곳에서 제일 빛나는
란자!

나는,
나여서 내가 참 좋더라!

청초한 꽃,
란자!
나의 사랑,
란자야!
너에게 어울리는 건,
엄지 척!

소중한 선생님

이순자

따뜻한 사랑의 눈빛으로
하나둘 아이들을 반갑게 맞이해요.
얼굴에는 환한 미소로 작은 손 꼭 잡아주며
오늘도 안전하고 편안함을 건넵니다.

웃음소리 정겨운 교실 안에서
선생님의 마음과 정성을 담아
아이들을 안아주고 이야기하며
밝고 빛나는 세상을 열어갑니다.

아이들의 말에 귀 기울이고
작은 발걸음에도 함께 걸어가지요.

함께 뛰고 놀이하는 선생님은
따뜻한 세상의 희망입니다.

선생님,
당신은 아침 햇살처럼 반짝이고
아이들의 성실한 하루를 피워주는
아름다운 손길입니다.

아이들과 함께 지내는 우리 선생님은
사랑이고 선물입니다.
우리 아이들에게 꿈을 심어주고 기쁨이 되는
당신은 소중한 선생님입니다.

진짜 고마워요

이순자

꽁꽁 언 땅에도 봄이 되면
꽃이 피어나듯,
힘겨운 날이 많아도 아이들의 웃음이
나를 기쁘게 합니다.
작은 손 마주 잡고 즐겁게 놀이하는
아이들의 웃음에
마음 따뜻한 사랑도 피어나지요.

고난이 겹치고 슬픔이 몰려와도
포기하지 않고 꾸준하게 달려온
나의 친구 열정,
고마워요.

나에게 힘이 되어 주고 용기가 되어 준
열정!
배움의 끈을 끝까지 잡아주고 인내한
나의 친구 열정,
진짜 고마워요!

너를 닮은 아이

이정숙

어느 날 내 품에 안긴
작고 고운 손 하나,
세상을 처음 만나는 그 눈동자에
나는 너를 다시 보았지.

사랑하는 내 손자,
그 웃음 안에 숨은 너의 눈빛.
첫 걸음마를 뗄 때는 그 모습 안에
어느새 어른이 된 너의 어릴 적이 겹쳐진다.

나를 엄마로 만든 너,
너를 아버지로 만든 아이.
세월은 이렇게 돌고 돌아

사랑을 더 깊게, 더 넓게 퍼뜨리네.

네가 아버지가 된 걸 보는 순간,
나는 그렇게 행복하였단다.
부드러운 손길로 아이를 안는 너를 보며
그 품 안에 있는 나의 시간들을 떠올린다.

너를 닮은 아이를 사랑하며
나는 너를 더 사랑한다.
사랑이란,
이렇게 시간을 건너 자라는 것이란 걸
이제야 조금 알 것 같구나.

사랑한다.
도형 애비야, 애미야!
시간, 금방 지나가더라.

고마워예

이정숙

같이 산 지가 언 몇 해요,
툭하면 투닥대도
당신 없인 심심하데이.
밥 같이 묵고
눈 맞춰 웃을 때,
참말로
내 복은
당신이라 생각합니더.

Do Dream

임미정

꿈 많던 열네 살 긍정이는
흰 칼라 교복 입은 친구를
먼발치서 물끄러미 바라보곤 했다

헛헛한 무채색 마음
회색 띤 마음 밭에
나는 왜?
물음표를 심곤 했다

머리에 흰 꽃 핀 이순 넘은 긍정이는
맛깔스러운 대추 한 알
무지갯빛 Do Dream 되었다

까칠까칠 가시덤불 인생 구간은
긴 호흡 뿜어내는 인내의 기간이라고
긍정이는 나에게 가르쳐 주었다

울퉁불퉁 어두컴컴 인생 구간은
대추 한 알 익어가는 인고의 기간이라고
긍정이는 나에게 가르쳐 주었다

아픔
슬픔
꿈
희망
사랑
이불처럼 포근히 감싸는 긍정 벗들
긍정은
내 인생 최대의 선물이다

마침표 없는 카르페디엠

임미정

숨 고르던 나의 열정
멈춤 하려다 다시 움직이네
사랑하는 그이 내게 권하네
이제 좀 천천히 걸으라고

나의 친한 친구 같은 열정
슬픔이 와도 변함없지!
인생 끝 경계 지점에도
멈추지 않을 나의 열정

매일매일 쓰는 천일 필사
매일매일 걷는 만보 걷기
매일매일 쓰는 감사 일기

매일매일 쓰는 성경 캘리

카르페디엠 옷 입은 열정
애정 있는 지속적인 열정
내 인생을 변화시킨 열정
열정은 내 삶의 자산이네

새벽 꽃시장

전근이솜

새벽 꽃시장은
소풍 가방에 가득 찬 김밥처럼
예쁨들이 넘치도록 가득해요

저마다의 빛깔과 모양새로
도란도란 앉아 재잘거리는 예쁨
꽃!

예쁨을 모셔 가려는
소녀 같은 플로리에들.

모두모두
눈이 시리도록 반가워요

오늘도 함께여서 행복하기를…

예쁨들! 플로리에님들!
시끌벅적한 새벽 꽃시장에서 또 만나요

내일 또, 행복하기로 해요

붉은 엄마, 푸른 엄마

전근이솜

거울 속 엄마는 검붉었다
붉은 엄마는 표정이 없다

푸름에게로 갔다

푸른 나무들에게 웃음을
푸른 하늘에게 감사를
푸른 바다에게 평온을 받았다

거울 속 엄마가 푸르다
푸른 미소 짓는다

푸름아, 푸름아

고맙다

향이와 글

전숙향

예순여섯 향이는
글 쓰는 할머니가 되었다.

예전에는
말로만 소통하는 줄 알았는데

지금 보니
글쓰기로 소통하는 향이가 진짜!

내 사랑

전숙향

난, 절대
너를
보내지 않을 거야

칠십이 되고 팔십이 넘어도
내 곁에 꼭
붙어있으라 할 거야

널 잃으면
내 삶도
사라지니까

내 몸이

날 버리고
내 생각이 날 잊어도

내 사랑
열정은
언제까지나.

끄덕끄덕

정미화

부끄러워 엄마 치마 폭에 숨은 나는
다른 사람에게 다가가는 자가 되었고
틀릴까 입 다물고 조용히 있던 나는
용기 있게 손 드는 자가 되었다
틀리면 어때
조금 부끄러울 뿐이지
꼭 정답을 맞추는 것이
인생이 아니잖아
맞아
그래도 돼

그게 어때서

정미화

다른 사람 배려하다
혼자 속 끓이는 나를
실속 없다 하겠지만
함께 살아가는 세상
조금 손해 보면 어때
같이 와서 같이 가는 인생
더 가득해지는 걸

육십하고도 일곱인 사람의 꿈

정순시

육십하고도 일곱인 내가
따뜻한 사람들의 권유로 시 쓰기를 시작한 지
두 주째.
두근거림과 설레는 마음으로 수업을 받으면서
한 편의 시는 열 권의 서적보다
더 많은 진실을 담을 수 있다는 말에
시를 써야겠다는 내 마음이 꿈틀꿈틀.
시작은 엎치락뒤치락이지만
자꾸 쓰다 보면
나도 남도 놀랄 시인이 될 것을
꿈꾸고 있다.

줄 수 있다면

정순시

폭삭 속았수다 대사 중
시가 별 게 아니란다.
그냥 하고 싶은 말 같은 거 쓰면
그게 시란다.
나에게 용기를 주었다.
내 한 줄의 시가 다른 이들에게
위로가 되고 감사가 되고 행복을 줄 수 있다면
나의 선택에 기립박수를!

갓난 엄마

조성희

엄마가 태어났습니다
분명 무척 힘들었을 터입니다
어제도 오늘도
처음부터
엄마였습니다
단 한 번도 엄마가 아닌 날이 없었습니다
당신은 변함이 없습니다
저 또한
오늘도 내일도
아이이고 싶은데
태어나고야 말았습니다
당신의 지혜를
쏙 빼닮은 엄마이길
간절히 기도해 봅니다

하나에서 둘

조성희

반짝이는 다짐을 하였네
이제
둘이 아닌 하나이겠노라고
그 다짐을
지키려
너무 애를 썼던가 보다
나와 같아라
나와 닮아라
네가 아닌
나와 하나가 되길
너무 우겼나 보다
쉽게
던져진 마음이

부메랑처럼 돌아 올 거라고
그렇게
믿었나 보다

하나에서 둘이 된 것인걸

미야의 꿈

진영미

반백 년을 넘기고,
미야는 유치원 원장이 되었다.
아이들의 웃음 속에서 순수함과 호기심을
때로는 아픔과 기쁨을 껴안는
따뜻한 품이 되었다.

흔들리던 길 위에서 포기하지 않고
나만의 색으로 그리고 지우며
한 장 한 장,
예쁜 스케치북을 완성했다.

아이들의 웃음엔 미소로,
눈물엔 온기로 답하는 마음이 되었다.

아이들과 함께 한
꽃잎처럼 덧그려진 날들의 기록은
그 자체로 성장의 증표였다.

조용히 시간
내 어깨를 다독이며 말해주었다.

"당신은 잘 걸어가고 있어요."

성실하게 채워온 노력의 시간들이
마침내 꿈이 되어 피어났다.
오늘 나는,
다시 내일의 꿈을 꾼다.

미야 영미 나, 흐르는 지금

진영미

스무 살, 미야는
작은 기쁨에도 웃음을 선물해 주었고
서른, 삶의 무게를 마주하면서도
세 아이의 엄마가 되어 행복을 더 깊게 품었다.
마흔 살, 영미는
행복을 더 따뜻하게 이해하기 시작했고
쉰을 흐르는 지금,
행복은 나를 더 부드럽게 빚고 있었다.

바람이 부는 날에도
마음의 온기는 식지 않았다.
행복은 언제나 내 안에서
숨 쉬고 있는 빛이었으니까.

미야와 영미와 나는
오늘도 행복이라는 이름으로
마음을 다독이고 있다.

재고 따진 감사

아들 우승민의 〈그냥 다 감사〉를 읽고

한효원

아들의
'그냥 다 감사'
글을 보고 잠시 멈췄다.
나는
감사를 재고 따졌다.

그냥 다 감사해?
뭘 모르면서
어따 대고 감사하래?
그 사람이 나한테 얼마나 했는데?
너나 고마워하지,
난 아직 잘 모르겠거든.

계산 없는 감사,
순서도 없고 조건도 없는 감사.

그래
나도 이제야 알겠다.
감사는
먼저 주는 마음이라는 걸.

재고 따진 감사는
이제 안녕!
잘 가라!

이제 나도
먼저 감사!
아들처럼
그냥 다 감사!

너그러움은 개나 줬던 날

한효원

아들에게 소리를 질렀다.
집중 안 하지?
뭐하는 거야?

그날 나는
너그러움을
개나 줘버렸다.

끈기는
자식처럼 보살펴야 한다 했는데
나는
희망의 끈을
툭,

놓아버렸다.

사실
내게 제일 중요한 건
너였는데.

미안하다,
아들아.
부족한 엄마라서
널,
울렸다.
너는 내가 가진.
가장 따듯한 희망이다.

그렇게 엄마는
매일 다시 배우는 중이다.

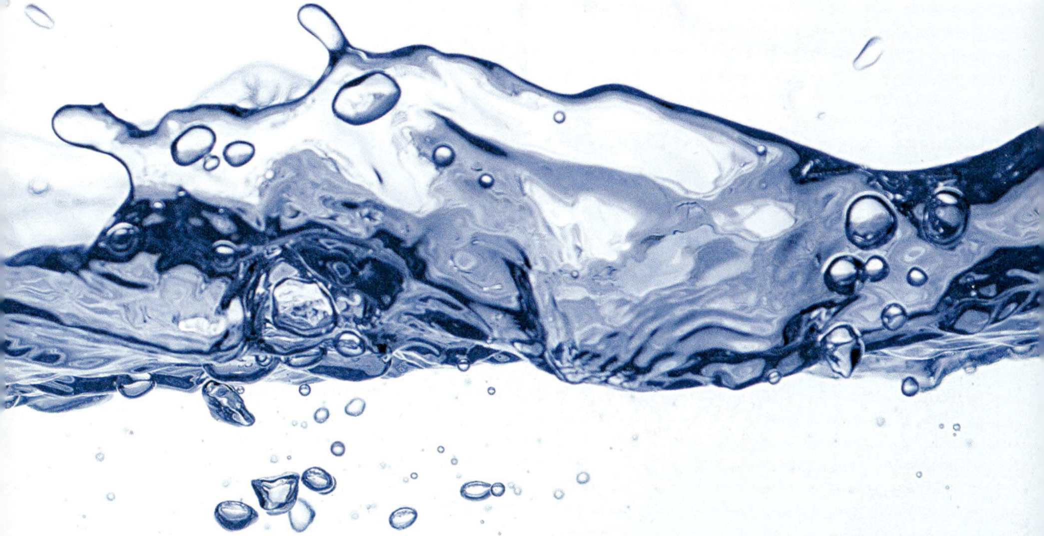

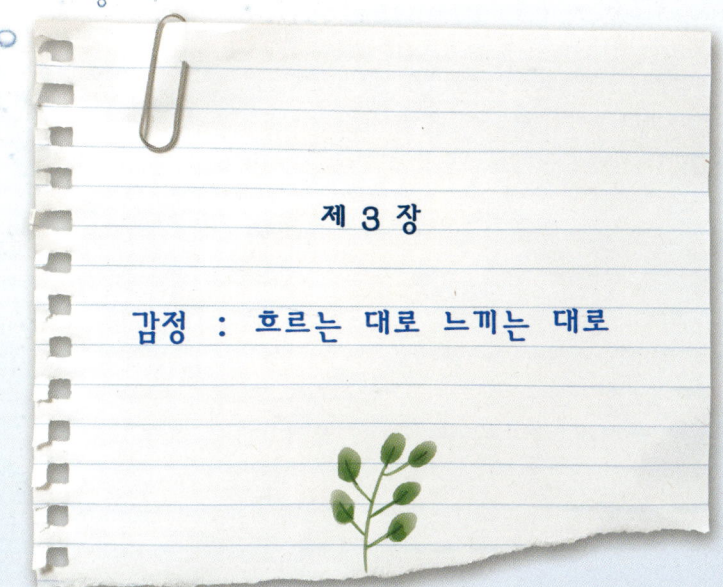

제 3 장

감정 : 흐르는 대로 느끼는 대로

살아 있다는 건 끊임없이 느끼는 일이며,
감정은 우리를 가장 인간답게 만드는 언어입니다.
이 장은
말로 다 할 수 없는 감정들을 꾹꾹 담은 시의 집입니다.
어느 시는 눈물로,
어느 시는 웃음으로,
또 어느 시는 당신 마음을 조용히 안아줄 것입니다.
당신의 감정도 그 자체로 충분히 아름답다는 걸
시를 통해 느껴보시길 바랍니다.

내가 좋은 나

강승구

뜨거운 열정이 내리쬐는 여름
책을 한 장 한 장 넘기며
나는 할 수 있다는
자신감을 키워 나갔습니다.

게임 캐릭터가 레벨업하듯 성장하는 내 모습에
감탄이 절로 나옵니다.

나는 잘 살고 있습니다.
나는 내가 좋습니다.

이제는 토닥임

강승구

매일 밤
서럽고 답답하고 억울함의 소나기가 내릴 줄 알았더라면
홀딱 젖을 정도로 울어나 볼 걸
애썼네

끝과 시작

고명진

그때가 끝인 줄 알았으면
더 재미있게 놀걸
괜찮아
또
시작하면 돼
끝은
새로운 세상으로 가는
첫걸음이니까

즐거운 내일

고명진

정말 즐거운 하루였어
이제
하루가 끝나는 게
너무 아쉬워
그래도 혹시몰라
눈 감았다 뜨면
내일은 얼마나
즐거울지
재미없어도 괜찮아
즐거움은
내가 만들면 되니까

새로운 기적

김경화

아침 햇살이 조용히 나를 반겨줄 때
숨을 들이쉬듯
내 마음을 감사로 채워 봅니다.
익숙하고 당연하게 흘러가는 일상 속,
숨어 있던 수많은 기적을
꺼내어 펼쳐 봅니다.

그 속엔
아이들의 웃음이 있고
긍정적이고 위대한 상호작용이 있고
믿고 함께 걸어주는 학부모의 마음이 있습니다.

감사를 나누며,
감사를 배우며
오늘도 그렇게 하루를 시작합니다.

나, 열 받았어!

김경화

속은 부글부글 끓고
생각은 이리저리 엉키며
혼돈 속을 헤맨다.
눈에서는 레이저가 번쩍이고,
입은 달삭달삭,
하고 싶은 말이 많다.

속상하고
섭섭하고
답답한 마음
나는 이미 열을 받았다.

이제는 안다.

나의 감정을 알아차리고 안아주어야 한다는 것을.
조용히 나를 들여다본다.
아,
나는 지금 이런 마음이구나!
그걸 알아차리는 순간
나의 감정을 보듬어주게 된다.

나무 그리고 새싹들

김나림

새로운 보금자리에서
새벽 시간에
둘째와 글쓰기 시간
둘째 글을 보며
나의 글을 보며
생기가 돋아난다

준이들이 내 품에 안겨 있는
이 느낌
나는 오늘도 싱싱해졌다

나림 그리움

김나림

시절인연이라는 단어를
미리 이해했더라면
그렇게 가슴 아파하지 않았을텐데
애썼어
수고했어

나는 에어로빅 선생님입니다

김맹희

공들여 완성한 작품이 있습니다.
몸으로 전하고픈 언어를
심혈을 기울여 주말의 달콤한 휴식마저 반납하며
다듬고 체득하였습니다.

이제 그 곱게 쌓인 시간들을
가장 소중한 그대들과 나누려 합니다.

이승철의 '그 사람' 노래가사처럼
나를 웃게 하는 사람들,
나는 그대들이 참 좋습니다.

반짝이는 그리움

김맹희

엄마가 밤하늘 별인 줄 알았더라면,
별똥별이 되어 나 보러 오라 할 걸.
"다시는 떠나지 말라"라고
'여기 살으라' 할 걸….

연결

김 명희

좋은 사람들과 좋은 길을 걷는 오늘
신께서 내일을 선물해 주신다면
내일도 기꺼이 행복하게 살아내겠습니다

바라봄

김명희

엄마가 친정이 없다고
나한테도 그러면 안되잖아

이 말이 엄마를 살릴 수 있었다면
밤새워 천 번 만 번 말했을텐데

그랬구나
그랬구나
그랬구나

덕분이야

김민주

반갑다 친구야!
긴 터널을 지나 다시 만난 우리 둘,
따뜻한 손 마주 잡고 웃을 수 있어서 행복해.
온 힘을 다해 너를 안아 줄게.
나의 웃음을
나의 밝은 세상을
다시 찾게 해 준 친구,
반가움.

오늘도 네 덕분에 웃는다.

절망 희망

김민주

왜 내게만 이래?
너무 억울해.

환한 빛을 선물하려고 찾아온 걸
너무 늦게 알았어.

눈치 없는 내게 찾아와 준 거
고마워.

지금도 충분히
잘하고 있어.

내 엄마

김보승

제주도 바람은 더 시원하네.
가을 바람이 내 볼을 스치는 날,
엄마 아들로 태어나 줘서 고마워.
생일 축하해. 사랑해.
엄마와 함께 하는 생일 여행은
언제나 내게 행복을 선물해 줍니다.
넘치는 엄마의 따뜻한 사랑 덕분에
가족의 소중함을 알아갑니다.
내 엄마가 되어 줘서 고마워.

GO!

김보승

신나게 놀 준비 다 했는데 감기는 내게 왜 온 거야?

그동안 너 공부하느라 힘들었으니까 좀 쉬라고 왔어.

내 마음 모르겠어?

아, 그렇구나. 건강이 최고라는 거 꼭 기억할게.

이제부터 더 씩씩하고 건강하게 GO!

그 계절들과 함께

김송현

살랑살랑
코끝에 와닿는 벚꽃 향기,
스며드는
아침의 고요.

출근길,
잠시 멈추어 두 팔 벌려
몽글몽글 하늘과
솜털 구름을 안아줍니다.

풀 소리,
바람 소리,
바닷 소리,

새소리,
그리고
내 마음의 소리.

살아 있음에
선물처럼 주어진 이 아침을
느낄 수 있어
감격스럽습니다.

노랑나비 춤추고,
봄 향기 그리운
엄마의 계절에도,

녹음이 우거질 무렵,
바람과 함께 사라진
오빠의 계절에도,

엄동의 칼바람 속
꽁꽁 얼어붙었던
아버지의 계절에도,

주렁주렁
풍요로운 열매 맺을 수 있도록
오늘 아침에도
동행해 주셔서,

가슴이 뭉클합니다.

숨이 머무는 순간마다

김송현

하루를 살더라도 내가 숨 쉬는 이 공기 위에
기도할 수 있기를

눈을 뜨는 아침이 기적처럼 다가와
세상이 안아주는 그 순간에도
가만히 눈물 맺히는 사람이길

이틀을 살더라도 내 마음과 너의 마음이 아프지 않고
고요히 머물 수 있기를

사흘을 살더라도 다툼 없이 마주 앉은 식탁에
따뜻한 밥과 나직한 안부가 놓이기를

숨이 지나가는 그 모든 순간이
당연하지 않다는 걸 잊지 않기를

살아 있다는 이유 하나로 감사할 수 있기를

그런 날들이 그날들이 지나간다 해도
마음 깊이 고맙다 괜찮다 말하며
조용히 빛나는 내일을 향해 걸어갈 수 있기를

다시 친구

김애자

산들산들 바람이 불어오는 어느 봄날!
강아지와 함께 집 앞 공원에 산책을 나갔네.
평온함이 숨 가쁘게 나를 향해 달려왔네.

내 마음 아플 때
내 마음 슬플 때
미소 지으며 나를 위로해준 평온함.
오늘도 그 손 내밀었네.
그 손을 잡은 나.
평온함은 나에게 희망을 줬네.
걱정되고 불안한 내 마음
용기를 얻었네.

평온함아!
나에게 찾아와줘서 고마워.
평온함아!
나를 위로해줘서 고마워.
난 다시 평온함과 친구가 되었다네.

인사할게

김애자

고난아 안녕!
그때는 몰랐네
네가 나의 끈기가 되어 줄 것을
그때는 몰랐네
네가 나의 친구였던 것을
그때는 몰랐네
네가 내 삶의 스승이었던 것을

보기 싫다 떠나가라 원망했던 나
더 많이 안아주고 위로해주지 못해 미안하다

네가 함께했기에
나는 더 단단해졌고

네가 함께했기에
지금 나의 삶을
감사로 받아들일 수 있네

더 많이 토닥여 줄 걸
더 많이 위로해 줄 걸

너는 내 성장의 원동력이었고
마음근육을 단단하게 해 주는 친구였어
이제라도 인사할게
고마워 내 친구

감정은 곧 내 삶이다

김예준

모든 걸 얻었습니다
우리 가족한테 감사합니다
이런 만남 너무 좋아
이런 만남 정말 좋아

사랑의 감정아
다음도 다다음생도 잘 부탁해!

성장의 나무

김예준

나무가 나한테 잘 크라고 하는데
좀 더 씩씩하게 클 걸
하지만 지금도 충분히 잘 크고 있으니
콜라 한잔해!

단단한 든든한

김채완

긴 어둠을 지나
나는 다시 태어났다.

팔거천 새벽길을 걷는 아침,
차가운 공기 속에
내 마음은 맑아지고
희망은 조용히 깨어났다.

좋은 생각을 품고
몸을 일으키는 작은 습관들이
나를 다시 나답게 만들었다.

이젠 안다.

삶은 거창한 결심보다
매일을 지켜내는
단단한 마음에서 시작된다는 걸.

나는 오늘도
힘차게 날갯짓을 한다.
어제보다 조금 더 자유롭게,
조금 더 따뜻하게.

누군가에게
희망이 될 수 있기를 바라며,
좋은 영향력으로
나는 오늘을 살아간다.

흔들리던 날들을 지나
이제 나는
나 자신에게 가장 든든한 편이 되었다.

그런 건가 봅니다

김채완

그냥
열심히 살았습니다

된장도 담그고
밥도 짓고
사람도 만나고
하루하루
묵묵히 쌓아 올리며 살아왔습니다

별일 아니어도
기운 차려야 했고
기쁜 일 아니어도
웃어야 했습니다

그렇게
그냥 열심히 살아내던 어느 날,
한 줄의 시가
내 마음에 조용히 스며들었습니다

처음엔
그게 뭐 그리 대단한가 했지만
자꾸 생각나고
자꾸 마음이 물결쳤습니다

그러다 문득
나도 모르게
말이 부드러워지고
눈빛이 말랑해졌습니다

세상은 그대로인데
내가 조금씩 변하고 있었지요

시란,
그런 건가 봅니다

그냥 열심히 살던 사람에게도
아름다움을 허락해주는 것

그래서 오늘도
된장을 뒤적이며
이 삶을 살아내며
나는 속으로
한 줄 시를 읊조립니다

살아가는 일에도
향기가 피어날 수 있다는 걸
이제는
조금 알 것 같습니다

바람이 전해 준 이야기

박수연

햇살 가득한 어느 봄날,
농장 한 편에 덩그러니 놓인
평상 위에 앉아
갓 내린 커피 한 모금 홀짝이며
봄바람에 살랑대는
파릇파릇 연둣빛 잎사귀를 바라본다.

살랑대는 바람결 따라
내 마음도 벌써 함께 걷고 있는데
바람은 말없이 다가와
정겹게 어깨동무하고
함께 봄맞이 가자 한다.

"저기 저 산에는 따스한 봄 햇살이 걸려 있고

여기 이 산에는 분홍꽃 만발하여 벌들이 놀러오고
거기 그 산에는 새들이 노닐고 있단다.

길섶에는 민들레가 웃으며 인사하고,
개울가엔 졸졸졸 물소리에 맞춰
올챙이들이 춤을 추고 있지.

어제 내린 비는 흙냄새를 깨워
풀잎 사이사이로 퍼져나가고,
고양이는 지붕 위에서 졸며 햇살을 쬔단다.
할머니는 마당에 돗자리 펴고
손녀에게 실뜨기를 가르치고,
옆집 개는 꼬리를 흔들며
오늘도 좋은 날이래."

바람은 이야기 끝에
내 귓가에 살짝 웃으며 말한다.
"너도 참 따뜻한 사람이야,
그래서 봄이 먼저 네게 온 거란다."

베르테르의 사랑 이야기

박수연

세상의 모든 사랑이 한때 내게도 찾아왔었다.
창밖의 햇살 하나에도 마음이 붉어지고
누군가의 말 한마디에 하루가 흔들리던 날들.
그때 나는,
사랑이라는 이름조차 입 밖에 낼 틈 없이
이리저리 뛰며
살림을 하고, 아이를 키우고,
그저 오늘 하루를 버텨내는 것이 전부였다.
누굴 기다릴 여유도 없었고
내 감정을 들여다볼 겨를도 없었다.

사랑은 늘,
내 뒤에서 조용히 발걸음을 맞추었다가

이내 멀어지곤 했다.
지금의 나는 거울 속 나와 눈을 맞추며
젊은 날의 나를 조용히 다독인다.
그때는 몰랐지만 나는 참 열심히 살았고,
그 안에 슬픔도, 그리움도, 그리고 사랑도 있었다.
베르테르처럼 밤새워 편지를 쓰던 날도 있었고,
말 못 하고 삼킨 감정들이
가슴 한 켠에 차곡차곡 쌓여 있기도 했다.

이제는,
눈빛 하나로 마음을 전하고
한숨 한 번에 지난날을 풀어내며
내 안의 이야기들을 조용히 꺼내 놓는다.
어떤 사랑은 다가오다 멈추었고
어떤 인연은 짧은 머무름에도
나를 조금씩 바꿔 놓았다.
그 모든 순간이 모여 지금의 내가 되었고

그 기억들은
이제는 아프지 않은 따스한 울림으로 남아 있다.

나는 더 이상 울지 않는다.

하지만,
다시 올 줄 알았던 내 젊음을,
그때의 나를,
이제는 온전히 사랑한다.

그 순간

박정옥

늦봄의 숨결이
햇살과 함께 머문 방 안
나는 조용히 미래를 써내려 갑니다.

나는 지금 환하게 피어나는 중이야
생각을 품고
단어마다 숨을 불어 넣습니다.

햇살처럼 미소가 번졌습니다.
그 순간
나라는 존재가 고요하고 아름답게 느껴졌습니다.

이제는

박정옥

그때
말없이 삼킨 울음이
나를 지키려는 용기임을 알았더라면
덜 미워하며 자랐을지도 몰라

괜찮아
이제는 다 용서했으니

새벽

박보배

실루엣에 가려진 대자연이
기지개를 켠다.
한 숨이
한 동작으로,
한 춤으로 이어진다.
자,
오늘 춤추자!

바람은 차가운
봄의 길목에서 기다린다.

어?
버드나무 가지 끝,

어슴푸레 연둣빛 전에
녹색의 색 번짐이 있구나.

문득 고개 드니,
봄이네.
문득 고개 드니
아침이네.

하나

박보배

시를 모른다.
그저 시를 쓴다.
삶을 모른다.
그저 삶을 산다.

태어나 지금까지
내내 그랬다.
호기심 하나에 이끌려
한 걸음,
또 한 걸음.

삶을 시처럼,
삶을 기도처럼.

시와 삶과 기도는
결국 다르지 않았다.

지금도
삶을 시처럼 산다.

일과 삶이 하나요,
기도와 삶이 하나요,
시와 삶도 하나다.

따뜻한 시선,
그 하나면
충분하다.

나의 아버지

서혜주

따스한 봄날,
돌쟁이 아기가 아장아장 첫 나들이를 나왔다.
몇 발짝 걷다가 뒤돌아보고
또 가다가 뒤돌아보고
엄마는 요지부동 그 자리.
바라봐 주고 지켜 줄 것을
서로를 믿어 의심치 않는
아기와 엄마.

아기에게 엄마의 존재같은,
신실함 자체이신
아,

하나님 나의 아버지!

쉼표와 마침표 사이

서혜주

끝이 있을 줄 알았더라면
덜 두려워하고 더 의연해 볼 걸
그 덕에 일찍 어른 된 나
지금 여기에

내 안에 뿌듯함이

송태순

뿌듯한 마음이 좋아 참고
뿌듯한 느낌이 좋아 기다리고
뿌듯한 생각이 기도하게 하고
뿌듯한 상상이 오늘도 기꺼이 살아가게 한다
뿌듯함을 몰랐다면
내 인생 나도 몰라

오히려 잘됐어

송태순

이른 아침 깨어 온전히 느끼는
나의 글쓰기는
익숙한 옷이 아닌
새로운 옷을 입는
가슴 설레는 나와의 만남입니다

한번도 입어보지 못한
낯설은 옷을 입노라면
건강하고 튼튼한 내가
다시 태어나는 기분입니다

지나온 나여도 좋아좋아
지금의 나여도 좋아좋아

함께하니 이보다 더 좋을 순 없어
앞으로의 나는
너로 인해 난생 처음
가슴 뛰는 나여서
정말 행복합니다

받아들이고
애쓰고
용기내는 소소한 과정들이
얼마나 나를 성장시키는지
진정 알았더라면
덜 울고
덜 채찍질하고
덜 괴롭힐 걸

나를 마음껏 사랑하고
어여쁨에 숨이 막힙니다
눈시울이 장작이 됩니다
코끝도 천둥을 칩니다

봄날의 손

신경미

벚꽃 눈 흩날리는 봄날
공원으로 나가
작은 손을 꼭 잡고 걸었습니다.
같이 있어 행복하다 생각하며
함께 놀아주었습니다.

사랑스런 아들의 어린 시절을 기억하며
그 마음으로
손자를 보고 또 보며
가슴이 벅찼습니다.
이만하면 됐다
참 잘 자라고 있다
만족스레 바라봅니다.

훌훌 털고 일어난 날

신경미

그렇게 잃을 줄 알았더라면
사고 싶은 옷 하나쯤 사고
비싼 커피도 고민 없이 그냥 마시고
친구한테 밥도 한 번 더 샀을 텐데

괜찮아
다시 벌면 되지
이번엔
덜 아끼고
더 웃으며 써볼래

일렁이는 오월

신시옥

초록이 눈부신 오월의 아침
전국에서 모인 시인들과 줌 공간에서
시상을 나누며 눈물이 일렁인다
한땀 한땀 바느질 하듯
시를 짓는 마음으로 남은 인생
정성을 다해 모든 것을 사랑하고
작은 일에도 감사하며 살아가련다

목 놓아

신시옥

당신이 그렇게 일찍 떠날 걸 알았더라면
매일 매 순간 사랑한다고 온 몸으로 표현할 걸

그리움이 사무치는 세월을 잘 살아온 건
당신과 함께 마음에 새긴 총천연색 추억과
당신이 끝까지 눈에 담고 간 아들 딸 덕분입니다

영원히 사랑하는 당신에게
사랑해요!
목 놓아 외쳐봅니다
메아리가 천국에 닿을 때까지

편안해서 녹을 것 같은 날

우승민

주말 아침 일어나
TV를 보며 누워있으면
구름 속에 있는 것 같아요.

천상계에 온 느낌일까요?
기분이 좋아져요.
편안해서 녹을 것 같아요.

작은 이모

우승민

작은 이모가 하얀 세상으로 빨리 갈 줄 알았더라면
이모를 더 아끼고 사랑해줄걸
이모 보고 싶어요
꼬옥 안아주고 싶어요

하지만 괜찮아요
재밌게 장난을 치던 날
이모와 함께한 추억이 있으니까요

꽃바다

유명순

초가을 어느 날
교회 커피숍에서
감격스럽지만 차분하게
출간 기념 감사 예배드려요.

기도하며,
혼신을 다한 나의 꽃꽂이와 함께
글쓰기 한 것을 생각하며
감사해요.

그대의 손에
꽃꽂이
그리고

한 권의 책이 들려있으니
벅차게 감사했어요.

차분히 보고 또 보고
작품을 구상할 때
책 읽을 생각하니
뿌듯함이 밀어와요.

은혜

유명순

먹먹했던
나의 목소리가
돌아올 줄 알았더라면,

목이 메는 마음으로
그토록 조용히
사임하지 않았을걸.

전도의 도구가 된다기에
글을 쓰기 시작했는데,
이렇게 글쓰기 달란트 주셨네요.

모든 것이 은혜입니다.

향기로운 내 세상

윤미영

스트레스 심한 오후
보라색 유채를 만났다
남편에게 전화했다

자기야 지하철역으로 올래
왜
보라색 유채 보러 가자
알았다

도란도란 이야기 끝에 만난 유채
향기로워

야호

우와

환희에 찬 내 목소리가 들린다

오늘도 세상은 내 것이 되었다

깨달음

윤미영

그땐 그랬지
그때가 있어 지금의 내가 있음을 감사해
지나고 나면 모두가 추억이고
그리움이라네
알았지!

태윤이 찬슬이

이란자

상큼한 초여름의 푸른 날

애미
딸
손자는
아치형 초록의
에덴동산을 걷습니다

유모차 안에서
푸른 세상을 바라보는
찬슬이와 태윤이는
방긋방긋 천사가 됩니다

나의 꿈둥이들
매일매일
보고 싶습니다

우리 가족이 되어 주어서
고마워
또
고마워

나는
태윤이와 찬슬이가
그렇게도 예쁩니다

기도대로

이란자

그때
천국 열차에
탑승하실 줄 알았더라면
더 찐하게
손 잡아 드릴 걸

그 곳에서도
나를 위해 기도하고 계실
울 엄마

기도대로
살아 드리면
용서해 주시겠지

행복한 봄꽃

이순자

초록 잔디밭,
작은 꽃들이 피어있는 봄날,
공원에서 아이들과 숲 놀이를 했어요.

아이들의 웃음은 사랑이 되고
즐겁게 놀이하는 모습은 행복이 되지요.

풀잎 사이로 놀러 온 햇살은
엄마 품 같은 편안함이 되고
이 모든 풍경은 자연을 닮은 향기가 되지요.

몸과 마음이 성장하고 있는 우리 아이들이
행복한 봄꽃으로 피고 또 피어나길 기도합니다.

이렇게 아름다운 계절에

이순자

한 아이가 품에 안겨 한창 사랑받을 시기,
또 한 아이가 내 품으로 찾아왔어요.
엄마가 처음이라 서툰데
연년생 두 아이를 돌보는 것은
나에게 블랙홀 같은 삶이었어요.

두 아이는 집안의 장난감을 모두 꺼내어 놓고
한 명이 즐겁게 놀면 한 명은 울고
한 명이 자면 다른 한 명이 깨어났어요.

어느 날
두 아이가
나란히

나보다 훨씬 커 버린
씩씩한 남자가 되어 있었어요.
나의 등 뒤로 와서 조용히 안아주는 그 손들은
사랑이고 감사였어요.

"엄마, 사랑해. 고마워."라는 말을 들을 때
세상은 나의 것이 되었답니다.
불안하고 고단했던 시절들이
사랑과 감사로 바뀌는
아름다운 계절이 되었어요.

설레는 할머니가

이정숙

우리 부부는 팔공산 농막으로 가서
퇴비를 주고 물을 주고
감나무와 체리나무와 잔디를 가꾼다.
가을에 만날 손자 생각으로
시간과 순간마다 마음을 다한다.
도형 손자가 움직이는 영상마다
같이 박수치고 웃기를
수 만 번.
태초부터 그러했듯
사랑과 감사를 담아,
설레는 할머니가.

다시 봄이다

이정숙

아이 키울 그때가 봄인 줄 알았더라면
좀더 진하게 놀아줄 걸
좀더 진하게 사랑해줄 걸

괜찮아

지금 다시 봄이니!

선물

임미정

봄 햇살이 가루가 되어
움트는 새싹과 몸을 섞은 날
청색 정장과 흰 드레스는
감동과 감사의 선물이 되어 주었다.

두 사람의 사랑 결정체인 반디
반딧불이처럼 반짝이는 반디
세상 빛 보게 된 반디는
감동과 감사의 선물이었다.

두 눈 반짝이는 반디,
수아
배시시 배냇짓하는 건강한,

수아
손가락 다섯 개 발가락 다섯 개
감동과 감사의 선물이다.

엄마 아빠 이름 붙여준
수아
할비 할미로 만나게 된
수아
우리 가족이 된 사랑의 생명체
사랑하고 축복한다.

인내의 이불

임미정

고요한 밤 나를 깨우는 밤
쏟아지는 잠을 물리치며
병원 문 두드리는 환자를 맞는다.

자정 넘긴 불 밝힌 밤
소독해 둔 수술포를 풀고
신속한 손놀림으로 수술을 돕는다.

한 시 두 시 시간이 흐르는 밤
두 눈 끔뻑
고개 끄덕끄덕
두 다리 흔들흔들
온몸이 휘청인다.

강산이 바뀌며 맞이한 밤
끔뻑 흔들 휘청했던 시간들
인내의 이불로 모두 감쌌지.

부추김치

전근이솜

몇 평 되지 않는 텃밭을
팔십을 훌쩍 넘은 아버지는
하루 온종일 가꾸신다

맏사위도 안 준다는
오월 단오 전, 부추

아버지 기운 없으신데 이제 텃밭 가꾸지 마세요
넘어지면 더 큰일이고요

부추김치 좋아하잖아

시장 가서 사면 몇 날을 고생한 아버지 품 삯도 안되는 걸

고생한 아버지 품보다 훨씬 싸다고

목구멍까지 올라오는 말을 닫았다

아버지도 엄마도 지병으로 못 드시는 부추를
둘째 딸이 먹네요

소중한 당신 그리고 나

전근이솜

당신은 소중한 사람이에요
당신을 아끼고 소중하다 여기는
당신의 사람들이 있어요.

당신의 소중한 시간을
당신의 귀한 사람들과 나누어요

나는 소중한 사람이에요

나는 소중하고,
나의 시간은 또 소중하고
나의 사람들과 나눌 귀한 시간을
소중히 안겠습니다.

소중한 당신
그리고 나

소중한 우리가 됩니다.

엄마가 남긴 꽃

전숙향

5월의 바람을 닮은
붉은 꽃

엄마가 남긴
한 그루의 목단

부귀영화
고귀한 사랑

너의 꽃말을 보고
난, 알았네.

소리 없이 필 때마다
내 가슴은 뭉클하고

속절없이 질 때면
내 마음은 아려온다.

지금

전숙향

그때의 분노가
한바탕 지나가는
소나기인 줄 알았더라면,
잠잠히 기다리며 토닥여줄걸.

괜찮아,

괜찮아!

바위 같았던 시간들이
이제는,
보석이 되고
보약이 되었으니까.

레드카펫

정미화

길가 작은 봄꽃이
춤을 춥니다
눈과 귀와 모든 감각이
사랑스러움에 반했습니다
길 양쪽
꽃들의 환호성 속에
따뜻한 바람을 맞으며
사뿐사뿐
걸어갑니다

변화

정미화

이해되지 않는 서운한 말에
뒤돌아서서 울었지만
삶의 원동력이 되어서
기쁨의 날을 맞는다

기쁨이

정순시

세상이 온통 연둣빛으로 물드는 오월 저녁,
기쁨이의 목소리가
햇살처럼 들려온다.

어머님, 아버님,
오빠와 제가
성경 공부 해냈어요!

열 주 동안
기쁜 마음으로 나란히
성경 말씀을 마주한 그 시간들,
전화기 너머로 전해진 떨림에
나는 알았다.

우리 가정에
하나님이 보내신 천사,
그 아이의 이름은
'기쁨'이었다는 걸.

신혼의 나날,
놀고 싶고, 쉬고 싶은 유혹 속에서도
믿음의 명문 가정을 위해
조용히 씨앗을 심던 아이.

사랑한다.
그리고 고맙다.
기쁨아,
너의 이름처럼
우리 가정에 오늘도
기쁨이 피어난다.

그런 엄마

정순시

엄마가
그렇게 갑자기 가실 줄 알았더라면
유치원 일만 하지 말고
엄마와 더 다정하게
이야기 나눌 걸 그랬어요.

너는….
엄마보다 유치원이 더 좋니?

그 말씀이
마지막이 될 줄은 몰랐어요.
그리운 엄마,
이제는 하늘나라에 계신 엄마를 떠올리며

저는 다짐해요.

우리 아이들에게는
따뜻하고 다정한
그런 엄마가 되어줄게요.

사랑하는 엄마,
정말 보고 싶습니다.
많이 보고 싶습니다.

거짓말쟁이

조성희

에고고 좀 떨어져라!
더워
에고고 고만 좀 얘기해!
시끄러워
에고고 엄마 바빠!
조금 있다 놀아줄게
에고고 너희 방 가서 자!
불편해
에고고 많이 컸네!
너무 무거워

너희 말이
모두 다 맞았다

"엄마는 거짓말쟁이야."

사랑이었네

조성희

못 본 걸까
모른 척 한 걸까

아니면

알면서도
욕심이 나
가시처럼
심술을 부렸던 걸까

내 뒷머리가 작아질 때까지
꼼짝하지 않던 다리
무표정한 눈빛

한 번도
먼저 끊어지지 않았던
수화기

그렇게
또박 또박
말하고 있었는데

이제는
영원히 피어있을 당신의
사랑

바라봄의 향기

진영미

초여름.
라벤더 향기 나는 정원에서
아이들의 웃음과 인사를 품에 안았다.

'아이의 마음은 어떻게 자라날까?'
생각을 하며
작은 손을 꼭 잡아주었다.

장미가 햇살을 머금고 피어나듯
아이들은 놀이로 감정을 표현한다.

기다림은 시간의 온기로
아이의 존재를 품는 일이다.

나는 오늘도
말없이 피어나는
마음의 꽃을 바라본다.

봄날의 눈물

진영미

봄바람이 부는 어느날,
창가에 앉아
흐느끼듯 떨어지는 벚꽃잎을 바라보며
아련한 슬픔을 가슴에 품었다.

봄날,
하늘로 떠난 동서의 미소가
그리움이 되고
봄비가 되었다.

꽃잎 하나하나가 떨어지듯
시간 속에 흩어진 추억들
그 순간들이

내 마음을 조용히 적셨다.

바람결에 실려 오는 봄 향기는
차가운 이별을 달래는 듯했지만
그리움은
봄날과 닮지 않은
서늘한 그림자처럼 깊었다.

그 슬픔 속에서
사라진 그대의 숨결을 느끼며
봄날의 눈물로 마음을 적시며
미안한 마음을 보낸다.

집 앞 가로수길

한효원

쾌청한 하늘
푸르른 가로수길

"어머나! 또 초록이네!"

눈앞에 펼쳐지는 자연의 푸르른 선물
살아있음에 감사하게 되는 순간.

아기가 태어나 첫 세상을 보듯
사랑스러운 계절에
눈빛이 반짝이는 순간.

특별할 것 없는 하루에
반짝이는 기쁨이 숨어있다.
오늘 하루도 두 손 가득 안아본다.

매일이 꽃 같은 봄

한효원

꽃처럼 좋은 날이 온다는 걸 알았더라면
차가운 바람 불던 겨울

다 지나간다
속삭여줄 걸
괜찮다 괜찮다
좀 다독여 줄 걸

겨울지나 찾아온
따스한 햇살이 쏟아지는 봄날
마흔두 살 나는
매일이 꽃 같은 봄

시는 마음의 음악이다.
마음이 멈추지 않는 한 시는 끝나지 않는다.

윌리엄 워즈워스